Sarah Retter

TRAVEL FRENCH:
FAST TRACK LEARNING
for
ENGLISH SPEAKERS

The most used 100 words you need to get around when traveling in French speaking countries with 600 phrase examples.

Are you an English speaking traveler? This book is the easy solution for a difficult problem: How to understand and being understood when you travel through France <

© by Sarah Retter 2017
© by UNITEXTO 2017
All rights reserved

Published by UNITEXTO

1

TABLE OF CONTENTS

THE MOST USED 100 TRAVEL WORDS

1. Airport Aéroport	2. Check-in counter Guichet d'enregistrement
3. Terminal Terminal	4. Shuttle bus Navette
5. Taxi stand Station de taxis	6. International flight Vol international
7. Flying Prendre l'avion	8. Ticket Billet
9. Passport Passeport	10. E-ticket Billet électronique
11. Window Seat Place côté hublot	12. Aisle Seat Place côté siège
13. Luggage Bagage	14. Hand Baggage Bagage à main
15. Excess weight Poids excessif	16. Ticket counter Guichet de vente
17. Cheaper Moins cher	18. Delayed Retardé
19. Transfer Transfert	20. Lost-and-found Objet perdus
21. Cancelled Annulé	22. Arrivals Arrivées

23. Departures Départs	24. Locker Casier
25. Luggage carousels Tapis à bagages	26. Blanket Couverture
27. Overhead Au-dessus	28. Boarding pass Carte d'embarquement
29. Business class Classe affaires	30. Carry on Bagage
31. Customs Douane	32. Economy class Classe économique
33. First class Première classe	34. Fragile Fragile
35. Gate Porte	36. Identification Identification
37. Liquid Liquide	38. Long-haul flight Vol long courrier
39. On time A temps	40. One way ticket Aller simple
41. Stopover Escale	42. Travel agent Agent de voyage
43. Visa Visa	44. Amusement park Parc d'attractions

45. Museum Musée	46. Discount Rabais
47. Cruise Croisière	48. Landmark Référence
49. Bus Bus	50. Castle Château
51. Bridge Pont	52. Zoo Zoo
53. Guide Guide	54. Attraction Attraction
55. Façade Façade	56. Architecture Architecture
57. Artefact Artefact	58. Neighborhood Voisinage
59. Park Parc	60. Renovated Rénové
61. Theater Théatre	62. Cathedral Cathédrale
63. Display Présentoir	64. Walking tour Visite à pied
65. Palace Palais	66. Canal Canal

67. Cable car Téléphérique	68. Market Marché
69. Reservation Reservation	70. Translate Traduire
71. Consulate Consulat	72. Pharmacy Pharmacie
73. Bakery Boulangerie	74. Supermarket Supermarché
75. Downtown Centre ville	76. Check out Caisse
77. Single room Chambre individuelle	78. Shower Douche
79. Room service Service de chambre	80. Breakfast Petit-déjeuner
81. Subway Métro	82. Public transport Transport public
83. Receipt Reçu	84. Gluten-free Sans gluten
85. Wine Vin	86. Credit card Carte de crédit
87. Cash Espèces	88. Euros

	Euros
89. Spa Spa	90. Budget holiday Vacances économiques
91. Destination Destination	92. Self-catering Avec cuisine équipée
93. Duty-free Détaxé	94. Ferry Ferry
95. Porter Bagagiste	96. Backpack Sac à dos
97. Book Réserver	98. Complimentary Gratuit
99. Take off Décoler	100. Red eye Vol de nuit

PHRASE EXAMPLES

1. Airport/Aéroport

How far is the *airport* from the city center?	Quelle est la distance qui sépare *l'aéroport* de la ville ?
What are the available transport options from the *airport?*	Quelles sont les options de transport disponibles depuis *l'aéroport* ?
John will come to the stadium directly from the *airport.*	John viendra au stade directement de *l'aéroport.*

2. Check-in counter/Guichet d'enregistrement

You may check in your stroller at the gate or at the *check-in counter* free of charge when accompanied by a ticketed adult passenger.	Vous pouvez enregistrer votre poussette à la porte ou au *guichet d'enregistrement* gratuitement quand vous êtes accompagné d'un adulte ave un billet.
The *check-in* is very far from the entry point of the terminal.	*L'enregistrement* est très loin du point d'entrée de l'aéroport.
Noticing my confusion a young man led me about 300 yards to the correct check-in counter.	Remarquant ma confusion, un jeune homme m'a guidé environ 300 yards au bon *guichet d'enregistrement.*

3. Terminal-Terminal

Is there a bus that goes between the airport *terminals?*	Y a-t-il un bus qui relie les *terminaux* ?
This is *terminal* 2; you need to go to the next one to get your flight.	Ceci est le terminal 2; vous devez aller au *terminal* suivant pour prendre votre avion.
The PA system announced that the flight will leave from *Terminal 3* of the airport.	Les hauts-parleurs ont annoncé que le vol partira du *Terminal* 3 de l'aéroport.

4. Shuttle bus/Navette

A free *shuttle bus* service is available from Changi Airport to Marina Bay Sands every 30 minutes from 6am-10pm.	Une *navette* gratuite est disponible de l'aéroport de Changi à Marina Bay Sands toutes les 30 minutes de 6h à 22h.
Tourists can now make advance *shuttle bus* reservation by calling up the hotline number.	Les touristes peuvent désormais réserver une *navette* à l'avance en appelant la hotline.
The *shuttle bus* driver was booked on suspicion of driving under the influence of drugs.	Le conducteur de la *navette* a été retenu en suspicion de conduire sous l'effet de drogue.

5. Taxi stand/Station de taxis

The *taxi stand* is located right outside the arrival gate of the terminal.	La *station de taxis* est située jute à la sortie de la porte d'arrivée du terminal.
The line at the *taxi stand* outside the Hotel was six cabs deep even though there was space for only two cars.	La ligne à la *station de taxis* était de six taxis bien qu'il y a l'espace seulement pour deux véhicules.
The new *taxi stand* at the Bangkok Airport looks swanky and fresh.	La nouvelle *station de taxis* à l'aéroport de Bangkok parait chic et neuve.

6. International flight/Vol international

The *international flight* attendants' union says the reductions are likely to increase stress among cabin crew.	Le syndicat des agents de bord des *vols internationaux* dit que les réductions vont probablement augmenter le stress parmi le personnel naviguant.
If it is your first time on an *international flight* to Asia then things can be a little bit confusing for you.	Si c'est votre première fois en *vol international* vers l'Asie, les choses seront alors un peu troublantes pour vous.
I need to catch an *international flight* in the early hours of the morning tomorrow.	Je dois prendre un *vol international* aux première heures demain matin.

7. Flying/Prendre l'avion

Where are you *flying* today?	Tu *prends l'avion* vers où aujourd'hui ?
I am *flying* to London tomorrow.	Je *prends l'avion* vers Londres demain.
My brother will be *flying* with me to Hong Kong this month.	Mon frère *prendra l'avion* avec moi vers Hong Kong ce mois-ci.

8. Ticket/billet

I got a *ticket* for speeding.	J'ai un *billet* pour excès de vitesse.
We bought *tickets* for the opera.	Nous avons acheté des *billets* pour l'opéra.
I think I have misplaced the flight *tickets*.	Je crois que j'ai égaré les *billets* d'avion.

9. Passport/Passeport

Can I see your ticket and *passport* please?	Puis-je voir votre billet et votre *passeport* s'il vous plait ?
You should make best use of the express *passport* processing services.	Vous devez faire un meilleur usage des services de traitement du *passeport* express.
Each *passport* has a unique key which must be entered in the system to get the required information.	Chaque *passeport* a une clé unique qui doit être entrée dans le système pour avoir les informations demandés.

10. E-ticket/Billet électronique

You must carry a print of the *e-ticket* to the airport so that you can enter without any hassle.	Vous devez emmener un imprimé du *billet électronique* à l'aéroport afin que vous puissiez entrer sans tracas.
The *e-ticket* must be presented at the immigration counter.	Le *billet électronique* doit être présenté au guichet d'immigration.
The *e-ticket* has been mailed to you last	Le *billet électronique* vous a été envoyé par

evening.	e-mail hier soir.

11. Window seat/Place côté hublot

The cabin had a *window seat* in the northwest corner with multicolored pillows of all shapes and sizes.	La cabine a une *place côté hublot* au coin nord-ouest avec des oreillers multicolores en plusieurs formes et tailles.
Thanks to the cocooning effect of the seating arrangement on the A380, my *window seat* makes me feel like the only passenger.	Grâce à l'effet cocooning des sièges de l'A380, ma *place côté hublot* me fait sentir comme si j'étais le seul passager.
Would you like a *window seat* for your flight?	Souhaitez-vous une *place côté hublot* pour votre vol ?

12. Aisle seat/Place côté couloir

I always prefer an *aisle* seat in long duration flights.	Je préfère toujours une *place côté couloir* pour les vols de longue durée.
Alice always opts for the *aisle* seat as it is easier to communicate with the cabin crew.	Alice opte toujours pour une *place côté couloir* car c'est plus facile de communiquer avec le personnel naviguant.
The *aisle* seat is perfect for older passengers as they can access the washroom easily.	La *place côté couloir* est parfaite pour les passagers âgés car ils peuvent facilement accéder aux toilettes.

13. Luggage/Bagage

A travel *luggage* is no less than a great companion for any type of trip.	Le *bagage* de voyage n'est pas moins qu'un formidable compagnon pour toute sorte de déplacement.
You simply buy plane tickets, get the *luggage* done and fly down to the continent.	Achète simplement les billets d'avion, fais tes *bagages* et voyage au continent.
This article discusses how to find your *luggage* quick and easy in a busy airport or	Cet article parle de comment trouver son *bagage* rapidement facilement dans un

bus station.	aéroport ou une station de bus bondés.

14. Hand baggage/Bagage à main

You can only carry one *hand baggage* for your flight.	Vous avez droit à seulement un *bagage à main* pour votre vol.
The *hand baggage* must have zippers so that the contents are well protected.	Le *bagage à main* doit avoir des fermetures éclair pour bien protéger le contenu.
Please ensure that you collect the tags for the *hand baggage* from the check-in counter.	Assurez-vous de collecter les étiquettes du *bagage à main* au guichet d'enregistrement.

15. Excess weight/Poids excéssif

The airlines will surely charge you for the *excess weight* of your luggage.	La compagnie aérienne va surement facturer le *poids excéssif* de votre bagage.
Please get some cash ready to pay for the *excess weight* charges.	Préparer s'il vous plait de l'argent pour le paiement du *poids excéssif*.
You need to pay USD 30 for the *excess weight* of your luggage.	Vous devez payer 30 USD pour *le poids excéssif* de votre bagage.

16. Ticket counter/Guichet de vente

Which way is the *ticket counter* for Delta Airlines?	De quel côté est le *guichet de vente* de Delta Airlines ?
You must approach the *ticket counter* of the specified airlines for any change of date or class.	Vous devez vous présenter au *guichet de vente* de la compagnie aérienne en question pour tout changement de date ou de classe.
Can you please show me the way to the *ticket counter* in the airport terminal 2?	Pouvez-vous me montrer où est le *guichet de vente* au terminal 2 de l'aéroport ?

17. Cheaper/moins cher

Do you have *cheaper* tickets for flights to Miami?	Avez-vous des billets *moins chers* pour Miami ?
I need to find a *cheaper* hotel room at Miami so that I can extend my stay.	Je dois trouver une chambre d'hotel *moins chère* à Miami pour étendre mon séjour.
Jill had promised to look for *cheaper* alternatives for traveling to Rome from Barcelona.	Jill a promis de chercher des options *moins chères* pour voyager de Barcelone à Rome.

18. Delayed/Retardé

Thyroid hormone deficiency is always associated with poor growth and *delayed* bone maturation.	La déficiance d'hormone de thyroïde est toujours associée à la faible croissance et la maturation *retardée* des os.
The flight has got *delayed* by more than four hours.	Le vol a été *retardé* de plus de quatre heures.
The airline has promised to arrange for food and accommodation for passengers whose flights get *delayed* by more than 8 hours.	La compagnie aérienne a promis de se charger de l'hébergement et la nourriture des passagers dont le vol a été *retardé* de plus de 8 heures.

19. Transfer/Transfert

The Bangkok International Airport boasts of multiple *transfer* options from and to airport.	L'aéroport international de Bangkok se vante de plusieurs options de *transfert* de et vers l'aéroport.
As soon as I reach Dallas, I will *transfer* my entire luggage to my sister's address.	Dès que je serais à Dallas, Je *transférerai* tout mon bagage à l'adresse de ma sœur.
This is no direct flight; I need to transfer in Kansas City.	Ceci n'est pas un vol direct; Je dois faire un *transfert* à Kansas City.

20. Lost and found/Objets perdus

Please enquire at the *lost-and-found* office for your bag and documents.	Renseignez-vous s'il vous plait au bureau des *objets perdus* pour votre sac et vos documents.
The *lost-and-found* office is located in Terminal 2 of the airport.	Le bureau des *objets perdus* est situé au Terminal 2 de l'aéroport.
If you ever lose anything at the airport, you can always find it at the *lost-and-found* office.	Si jamais vous perdez quelque chose à l'aéroport, vous pouvez toujours la trouver au bureau des *objets perdus*.

21. Cancelled/Annulé

Has the flight been *cancelled?*	Est-ce que le vol a été *annulé* ?
The flight to Miami has been *cancelled* just now leaving me with no option at all.	Le vol de Miami vient d'être *annulé* me laissant sans aucune option.
Since the flight is *cancelled,* I am eligible for a full refund on the fare.	Vu que le vol a été *annulé*, je suis éligible au remboursement intégral du tarif.

22. Arrivals/Arrivées

Many of Australia's young refugee *arrivals* have little or no English.	Beaucoup des *arivées* de jeunes réfugiés d'Australie parlent peu ou pas d'Anglais.
Some of the benefits include affordability, comfortable cars, frequent *arrivals* and departures and easy to locate.	Certains des avantages incluent l'accessibilité, des voitures confortables, *arrivées* et départs fréquents et facilité de localisation.
The *arrivals* area at the airport was beautifully decorated during Christmas.	La zone des *arrivées* à l'aéroport était joliement décorée pendant Noel.

23. Departures/Départs

Passengers waited in the *departures* area at Heathrow Airport after the mass cancellations.	Les passagers ont attendus dans la zone des *départs* à l'aéroport de Heathrow après les annulations massives.
Their *departures* follow the exit of Ryan Tandy, who has already moved to Canterbury.	Leurs *départs* suivent la sortie de Ryan Tandy qui est déjà parti à Canterbury.
The *departures* areas are located in the farthest corner of the airport.	La zone des *départs* est située au fond de l'aéroport.

24. Locker/Casiers

Where the *lockers* located?	Où sont situés les *casiers* ?
How much does a *locker* cost?	Combien coute un *casier* ?
Can I use the *lockers* in the lounge area to keep my valuables?	Puis-je utiliser les *casiers* de la zone lounge pour garder mes objets de valeur ?

25. Luggage carousels/Tapis à bagages

It becomes mesmerizing to watch black suitcase after black suitcase go by in circles on the *luggage carousel.*	C'est devenu hypnotisant de regarder valise noire après valise noire tourner en cercle sur le *tapis à bagages.*
I could swear that the Mayor is standing next to me at the *luggage carousel,* but when I turn back to get a better look, he has vanished.	Je pourrais jurer que le maire était à côté de moi au *tapis à bagages*, mais quand je me suis retourné pour pour avoir une une meilleure vue, il s'est évaporé.
The *luggage carousel* at the airports is a mesmerizing sight.	Le *tapis à bagages* aux aéroports et un spectacle hypnotisant.

26. Blanket/Voile, couverture

There is a *blanket* of fog over the Harbor Bridge.	Il y a un *voile* de brouillard sur le pont Harbor.

A *blanket* of dust settled over Brisbane after a storm moved north from Sydney on Wednesday.	Un *voile* de poussière s'est installé sur Brisbane après la montée d'une tempête de Sydnay Mercredi.
Please ask the flight attendant to get me another set of *blanket*.	Demande s'il te plait à l'hôtesse de vol de m'apporter une autre *couverture*.

27. Overhead/Au-dessus

Could you help me put this bag in the *overhead* compartment?	Pouvez-vous m'aider à mettre la valise dans le compartiment *au-dessus* ?
A jet had just passed *overhead* at treetop level.	Un jet est passé *au-dessus* des cimes des arbres.
High *overhead* two helicopter gunships circled slowly, occasionally releasing decoy flares to foil any heat seeking missiles.	*Au-dessus*, deux hélicoptères apaches ont tourné lentement, lançant occasionnellement des leurres infrarouges pour déjouer les missiles à guidage thermique.

28. Boarding pass/Carte d'embarquement

You need to arrive at the airport with enough time to print your *boarding pass*, check in your luggage, and find your gate.	Vous devez arrive à l'aéroport à l'avance pour imprimer votre *carte d'embarquement*, enregistrer votre bagage et trouver votre porte.
Southwest Airlines said passengers can elect to receive their *boarding pass* through email or sent via text message while checking in for flights.	Southwest Airlines a dit que les passagers peuvent choisir de recevoir leur *carte d'embarquement* par e-mail ou par sms lors de l'enregistrement des vols.
Jim was very careful with the *boarding pass* and took extra caution so that he doesn't lose it.	Jim était très prudent avec les *cartes d'embarquement* et faisait très attention pour ne pas les perdre.

29. Business class/Classe affaires

We would like to invite all passengers flying in *business class* to start boarding.	Nous invitons tous les passagers voyageant en *classe affaires* à commencer l'embarquement.
The *Business class* of Qatar Airways is considered to be one of the best in the world.	La *classe affaires* de Qatar Airways est considéré être l'une des meilleures au monde.
All *business class* passengers are advised to arrive early so that they can board the aircraft before other passengers.	Tous les passagers de la *classe affaires* sont invités à arriver plus tôt pour embarquer avant les autres passagers.

30. Carry on/bagage

I am sorry but your *carry on* is too heavy.	Je suis désolé mais votre *bagage* est trop lourd.
The *carry on* must adhere to the specified dimensions.	Le *bagage* doit respecter les dimensions spécifiées.
You must keep an eye on the *carry on* so that it does not get stolen at the airport.	Vous devez garder un œil sur le *bagage* pour qu'il ne soit pas volé à l'aéroport.

31. Customs /Douane

Land-based *customs* officers will be armed for the first time to boost security at Australian ports in response to terrorism threats.	Les officiers de *douane* locale seront armés pour la première fois pour renforcer la sécurité aux ports australiens en réponse aux menaces terroristes.
The *customs* at London Airport had reportedly seized a huge amount of contraband goods that is valued at more than USD 100,000.	La *douane* à l'aéroport de Londres a saisi un énorme volume de production de contrebande d'une valeur de plus de 100 000 USD.
If you have anything to declare then you must do so at the *customs*.	Si vous avez quelque chose à déclarer, vous devez le faire à la *douane*.

32. Economy class/Classe économique

I'd like to book an *economy class* ticket to Rome next Friday.	Je voudrais réserver un billet en *classe économique* pour Rome vendredi prochain.
You can travel in *economy class* as the cost of ticket is much cheaper.	Vous pouvez voyager en *classe économique* car le prix du billet est moins cher.
The *economy class* passengers are entitled to one free welcome drink at the start of the flight.	Les passagers de la *classe économique* ont droit à une boisson de bienvenue gratuite au début du vol.

33. First class/Première classe

Next time I want to fly *first class* to Hong Kong.	La prochaine fois je veux voyager en *première classe* à Hong Kong.
The leg room in *first class* is much more compared to the economy class.	L'espace pour genoux en *première classe* est plus grand comparé à la classe économique.
The *first class* cabin of Emirates is one of the most expensive in the world.	La cabine *première classe* d'Emirates est l'une des plus chères au monde.

34. Fragile/Fragile

The two countries have formed a *fragile* coalition.	Les deux pays ont formé une coalition *fragile*.
He is in an emotionally *fragile* state.	Il dans un état émotionnel *fragile*.
Her health has always been very *fragile*.	Sa santé a toujours été *fragile*.

35. Gate/Porte

The airlines will close the *gate* at least 15 min prior to the departure time.	La compagnie aérienne fermera la *porte* au moins 15 minutes avant le départ.
You must reach the airport *gate* at least 4 hrs before the scheduled departure of your international flight.	Vous devez atteindre la *porte* de l'aéroport au moins 4 heures avant le départ de votre vol international.
Jim asked Alice to meet him at the *gate* of	Jim a demandé à Alice de l'attendre à la

the museum.	*porte* du musée.

36. Identification/Identification

Please show some sort of *identification* before you check-in at the hotel.	Présentez s'il vous plait une pièce d'*identification* avant votre check-in à l'hôtel.
The school issued *identification* badges to all its students right at the beginning of the session.	L'école a livré des badges d'*identification* à tous ses élèves juste avant le début de la session.
You are advised to show your *identification* badge to the cops as and when demanded.	Vous êtes tenu de montrer votre badge d'*identification* aux policiers à leur demande.

37. Liquid/Liquide

Are you traveling with any *liquids*?	Voyagez-vous avec un *liquide* ?
You can carry *liquids* during flights but it should not exceed 100 ml.	Vous pouvez transporter des *liquides* lors de vos voyages mais ils ne doivent pas dépasser 100 ml.
It is not a good idea to be on *liquid* diet before and during a flight.	Ce n'est pas une bonne idée d'être en régime *liquide* avant et pendant un vol.

38. Long-haul flight/Vol long courrier

I really don't like *long-haul flights* and wished we had a stopover somewhere.	Je n'ai vraiment pas les *vols long courrier* et aurai aimé avoir une escale quelque part.
I hate *long-haul flights* but there is no other option to reach Nashville from London.	Je déteste les *vols long courrier* mais il n'y a pas d'autre choix pour aller à Nashville depuis Londres.
You should take special care of your baby during *long-haul flights*.	Vous devez prendre un soin spécial de votre bébé durant les *vols long-courriers*.

39. On time/A temps, ponctualité

The British Airways has an excellent *on time* record.	British Airways a une excellente fiche de *ponctualité.*
Please be *on time* or else you will miss the flight.	Soyez s'il vous plait *à temps* sinon vous raterez le vol.
The Scandinavian Airlines has an enviable *on time* record and they have managed to maintain it for so many years.	Scandiavian Airlines ont une fiche de *ponctualité* enviable et ils ont réussi à la maintenir depuis plusieurs années.

40. One-way ticket/Aller simple

I would like to book a *one-way ticket* to Hong Kong.	Je vous réserver un *aller simple* pour Hong Kong.
You should not opt for *one-way tickets* as they tend to be more expensive than the round trip fares.	Vous ne devez pas opter pour un *aller simple* car c'est plus cher qu'un billet aller-retour.
Can you purchase a *one-way ticket* to Miami for me?	Peux-tu acheter un *aller simple* à Miami pour moi ?

41. Stopover/Escale

If you are traveling from Europe to Australia, it's recommended that you have a *stopover* either in Los Angeles or Dubai because the flight is very long otherwise.	Si vous voyagez de l'Europe à l'Australie, il est recommandé d'avoir une *escale* soit à Los Angeles ou à Dubaï car le vol est très long.
If you are going on a long-haul flight then choose one that has a *stopover* as these flights are less strenuous.	Si vous avez un vol long-courrier, choisissez un avec *escale* car ces derniers sont moins fatigants.
This is not a non-stop flight; it has a stopover at Berlin.	Ceci n'est pas un vol non-stop. Il a une *escale* à Berlin.

42. Travel Agent/Agent de voyage

You should visit the *travel agent* in the mall, she is very good and they have great offers.	Vous devez visiter *l'agente de voyage* au mall. Elle est très bien et ils ont de bonnes offres.
The *travel agents* in this company are very helpful and will get you a good deal on flights.	Les *agents de voyage* de cette société sont très serviables et vous trouver une bonne affaire pour les vols.
You can consult the *travel agent* in the hotel for all kind of tour bookings.	Vous pouvez consulter *l'agent de voyage* à l'hôtel pour tout type de réservation de circuits.

43. Visa/Visa

Could you tell me if a person from Albania needs a *visa* to travel to Italy?	Pouvez-vous me dire si une personne de l'Albanie a besoin d'un *visa* pour voyager en Italie ?
Jim was sentenced on Monday for violating a tourist *visa* in Indonesia's troubled province of Aceh in September.	Jim a été condamné Lundi pour avoir violer le *visa* touriste dans la province instable en Indonésie d'Aceh en Septembre.
Can you get me a tourist *visa* to Cambodia within next week?	Pouvez-vous m'avoir un *visa* touriste pour le Cambodge la semaine prochaine ?

44. Amusement park/Parc d'attractions

A financial market is like an *amusement park* ride.	Un marché financier est comme une balade dans un *parc d'amusement*.
Six Flags over Texas is a 212 acre *amusement park* with a many attractions for the young.	Six Flags over est un *parc d'attractions* de 212 acres avec plusieurs attractions pour les jeunes.
Visitors ride a merry-go-round at the *amusement park*much to the delight of the onlookers.	Les visiteurs prennent un manège au *parc d'amusement* au grand bonheur des spectateurs.

45. Museum/Musée

Annie Leibovitz is among the world famous photographers opening a new *museum* of contemporary photography in Stockholm.	Annie Leibovitz fait partie des photographes mondialement célèbres ouvrant un nouveau *musée* de photographie contemporaine à Stockholm.
England has the largest number of *museums* in the world.	L'Angleterre a le plus grand nombre de *musées* au monde.
When you are in London, you must visit the world renowned British *Museum*.	Quand vous allez à Londres, vous devez visiter le *Musée* britannique réputé mondialement.

46. Discount/Rabais

Promo codes and coupons can be used to obtain a *discount* on domain.	Les codes promo et les coupons peuvent être utilisés pour obtenir des *rabais* sur le site.
Melbourne's department stores could feel the pinch from *discount* retailers as city shopping expands in the next two years.	Les magasins du département de Melbourne peuvent sentir une pincée des détaillants de *rabais* vu l'expansion du shopping les deux prochaines années.
You should learn about the secret *discount* that ensures you pay the lowest price for Royal Caribbean cruises.	Vous devez apprendre au sujet du *rabais* secret qui vous permet de payer le moindre tarif pour les croisières royales des Caraïbes.

47. Cruise/Croisière

The State Government yesterday launched a campaign to make Melbourne a more popular port of call for *cruise* ships.	Le gouvernement de l'Etat a lancé hier une campagne pour rendre Melbourne une escale plus attractive pour les bateaux de *croisière*.
The Superstar series of *cruise ships* is one of the most famous in the world.	La série de bateaux de *croisière* Superstar est l'une des plus fameuses au monde.

I plan to go for a short Caribbean *cruise* as soon as I reach Florida.	Je prévoie d'aller en courte de *croisière* des Caraïbes dès que j'arrive en Floride.

48. Landmark/Référence

In his *landmark* book he posed the question that had baffled science for centuries, highlighting how he thought the secrets of life could be unraveled.	Dans son livre de *référence*, il a posé une question qui a déroute la science pendant des siècles, soulignant comment il pensait que les secrets de la vie peuvent être défaits.
The St Kilda art deco *landmark* will be auctioned for the first time in 41 years.	La *référence* art déco St Kilda sera vendue aux enchères pour la première fois en 41 ans.
What Michael Phelps achieved today is a *landmark* achievement in the history of the sport.	Ce que Michael Phelps a accompli aujourd'hui est un exploit de *référence* dans l'histoire du sport.

49. Bus/bus

Alice boarded a *bus* in Nashville on her way home.	Alice a pris un *bus* à Nashville lors son retour à la maison.
The group left in a large *bus* for the overnight journey to Selangor.	Le groupe est parti dans un grand *bus* pour le voyage de nuit à Selangor.
The *bus* overturned on a dangerous road in South Africa.	Le *bus* s'est renversé sur une dangereuse route en Afrique du Sud.

50. Castle/Château

The rich people built their *castles* along the lake.	Les gens riches ont bâti leur *château* sur le long du lac.
Have you seen the *castle* on the other side of	As-tu vu le *château* de l'autre côté du lac ?

the lake? It is so huge.	c'est énorme.
It is said that Scotland has the largest number of *castles* that are open for viewing to the general public.	On dit que l'Ecosse a le plus grand nombre de *châteaux* ouverts aux visites du public.

51. Bridge/Pont

The London *Bridge* is one of the most visited tourist spots in England.	Le *pont* de Londres est l'un des endroits touristique les plus visités en Angleterre.
The Howrah *Bridge* is an architectural wonder that was built by the British during its rule in India.	Le *pont* Howrah est une merveille architecturale qui a été bâtie par les anglais pendant leur occupation de l'Inde.
We need to walk a little further so that we can reach the *bridge* and move on to the other side.	Nous devant marcher plus loin pour atteindre le *pont* et passer de l'autre côté.

52. Zoo/Zoo

The supermarket was a real *zoo* on the night before the storm.	Le supermarché était un vrai *zoo* la nuit avant la tempête.
The sixth grade classroom was a *zoo* after recess.	La classe de sixième était un *zoo* après la pause.
The calf was surrounded by*zoo* staff on one side and its mother on the other.	Le veau a été encerclé par le personnel du *zoo* d'un côté et sa mère de l'autre.

53. Guide/Guide

If past experience is any *guide*, we're in for a long and difficult project.	Si l'expérience passée peut être un *guide*, nous entamons un projet long et difficile.
They used the stars as a *guide* to find their way back.	Ils utilisent les étoiles comme *guide* pour trouver leur chemin de retour.
We hired a *guide* for our trip to the	Nous avons pris un *guide* pour notre

mountains.	excursion en montagne.

54. Attraction/Attraction

The waterfall continues to be the main *attraction* at the park.	La cascade continue d'être la principale *attraction* du parc.
The town's big *attraction* for movie lovers is the annual film festival.	La grande *attraction* des cinéphiles de la ville est le festival annuel du film.
His *attraction* to her grew over the course of their time together.	Son *attirance* pour elle grandit avec le cours du temps ensemble.

55. Façade/Façade

An unassuming *facade* houses a true hidden treasure.	Une *façade* modeste abrite un vrai trésor caché.
They were trying to preserve the *facade* of a happy marriage.	Ils essayaient de préserver la *façade* d'un mariage heureux.
I could sense the hostility lurking behind her polite *facade*.	Je peux sentir l'hostilité caché derrière sa *façade* polie.

56. Architecture/Architecture

The *architecture* of the Victorian period is beautiful.	*L'architecture* de la période victorienne est belle.
The Palace of Versailles is an *architectural* beauty that is totally unparalleled.	Le palais de Versailles est une beauté *architecturale* incomparable.
Tourists love the Victorian Era *architecture* that is present in every nook and corner of this city.	Les touristes aiment *l'architecture* de l'ère victorienne présente dans chaque coin et recoin de cette ville.

57. Artefact/Artefact

The very nature of this survey and the way The Age presented it is an *artefact* of popular culture itself.	La nature de cette production et la façon dont le temps l'a présenté est un *artefact* de la culture populaire elle-même.
The visitors were moved by the rare *artefacts* present in the museum gallery.	Les visiteurs ont été émus par les rares *artefacts* présents dans la galerie du musée.
The businessman loved to collect *artefacts* from around the world.	L'homme d'affaires aimait collectionner des *artefacts* du monde entier.

58. Neighborhood/Voisinage

If your home is priced right for the *neighborhood*, chances are it will sell.	Si votre maison est bien tarifiée par rapport au *voisinage*, elle sera vendue.
If houses are like spouses, a *neighborhood* is like the extended family.	Si les maisons étaient des épouses, le *voisinage* serait la famille étendue.
The *neighborhood* store has all kinds of provisions at its disposal.	Le magasin du *voisinage* a toute sorte de provisions à sa disposition.

59. Park/Parc

We went for a walk in the *park*.	Nous sommes partis pour en ballade au parc.
He hit the ball out of the *park*.	Il a tapé la balle hors du parc.
The national *parks* are a popular destination for the tourists.	Les parcs nationaux sont une destination populaire pour les touristes.

60. Renovated/Rénové

A badly *renovated* house will lose money for the owner.	Une maison mal *rénovée* fera perdre de l'argent au propriétaire.
The hotel has been recently *renovated* and it now has more than 700 rooms.	L'hôtel a été récemment *rénové* et il a maintenant 700 chambres.
This museum has been *renovated* by the archaeological department and it now has a	Le musée a été *rénové* par le département archéologique et il a maintenant un look

stylish look to it.	stylé.

61. Theater/Théatre

She majored in *theater* in college.	Elle s'est spécialisée en *théâtre* au lycée.
We enjoyed a weekend of music, dance, and *theater*.	Nous avons joui d'un week-end de musique, de dance et de *théâtre*.
He was very fond of the *theater* and had purchased tickets for several performances.	Il aime beaucoup le *théâtre* et il a acheté les billets de plusieurs spectacles.

62. Cathedral/Cathedrale

In the Dominican Republic you'll find the first university, *cathedral*, and European fortress in the Western Hemisphere.	En République Dominicaine vous trouverez la première université, *cathédrale* et fort Européen en Hémisphère Ouest.
The *cathedrals* of Rome have a distinct architectural style that is not found anywhere else in the world.	Les *cathédrales* de Rome ont un style d'architecture différent introuvable dans le reste du monde.
Have you seen all the *cathedrals* of the Vatican?	As-tu vu toutes les *cathédrales* du Vatican ?

63. Display/Présentoir

These systems will ensure that your *display* attracts trade show attendees and conveys the right kind of image and message.	Ces systèmes permettront à ton *présentoir* d'attirer les participants au salon commercial et transmettre le bon type d'image et de message.
It is important you set up your *display* case correctly.	Il est important d'organiser votre *présentoir* correctement.
The artefacts and figurines on *display* are really amazing to watch.	Les artefacts et figurines en *présentoir* sont vraiment magnifiques à regarder.

64. Walking Tour/Visite à pied

The *walking tour* of the streets of Bangkok was a real eye-opener.	La *visite à pied* des rues de Bangkok était une vraie révélation.
The tour company had arranged for a *walking tour* in the early hours of the morning.	L'agence de voyage a organisé une *visite à pied* très tôt le matin.
What are the admission charges for senior citizens for this *walking tour?*	Quels sont les frais d'admission pour un citoyen sénior pour cette *visite à pied* ?

65. Palace/Palace

Peter the Great was the one that commissioned this great *palace* to be built.	Pierre le Grand est celui qui a ordonné la construction de ce *palais*.
She came into the inner court of the *palace* and stood there waiting.	Elle est entrée à la cour intérieure du *palais* et est restée là attendant.
The Buckingham *Palace* is one of the most visited attractions in the UK.	Le *Palais* de Buckingham est l'une des attractions les plus visitées du Royaume Uni.

66. Canal/Canal

Like Venice, Stockholm is built on water with *canals* and waterways crisscrossing the city.	Comme Venise, Stockholm est bâtie sur l'eau avec des *canaux* et des voies navigables entrecroisant la ville.
After the excessive rain villagers were forced to make a breach in the *canal* to allow flood waters to flow.	Après la pluie excessive, les villageois ont été obligés d'ouvrir une brèche dans le *canal* pour permettre aux inondations de s'écouler.
If you are in Amsterdam then you must undertake the legendary *canal* tour that lets you enjoy the Dutch capital from a whole new perspective.	Si vous êtes à Amsterdam, vous devez faire la tour légendaire des *canaux* pour profiter de la ville avec une toute autre perspective.

67. Cable car/Téléphérique

From Harbor Front you can ride the *cable Car* for scenic views of the city and the island.	Depuis le port, vous pouvez prendre le téléphérique pour des vues pittoresque de la ville et de l'ile.
A great way of seeing Grenoble is to take the *cable car* service.	La meilleure façon de voir Grenoble est de prendre le téléphérique.
The *cable car* ride to Sentosa Island is one of the most unforgettable experiences of my trip to Singapore.	La ballade en téléphérique à l'ile Sentosa est l'une des expériences les plus inoubliables de mon voyage à Singapour.

'

68. Market/Marché

Advertisers are trying to appeal to the youth *market*.	Les annonceurs essaient d'attirer le *marché* des jeunes.
They are trying to develop foreign *markets* for American cotton.	Ils essaient de développer des *marchés* étrangers pour le Cotton Américain.
The *market* area of any big city is always very popular with the tourists.	La zone du *marché* de toute grande ville est toujours populaire avec les touristes.

69. Reservation/Réservation

You should not land up in New York without a proper hotel *reservation*.	Tu ne dois pas atterrir à New York sans une *réservation* d'hôtel.
Jim filled up the hotel *reservation* form online to save on time.	Jim a rempli le formulaire de *réservation* de l'hôtel en ligne pour gagner du temps.
Jack was distraught when he heard that the hotel has forgotten to make a *reservation* in his name.	Jack était affolé quand il a entendu que l'hôtel a oublié de faire une *réservation* à son nom.

70. Translate/Traduire

Sometimes he has only one week to	Parfois il a seulement une semaine pour

translate up to 1500 lines of dialogue under such conditions.	*traduire* 1500 lignes de dialogue sous ces conditions
It's fair to say the support was overwhelming in the 12 months before we started, but it just didn't *translate* into bookings.	Il est juste de dire que l'assistance était énorme dans les 12 mois précédant notre démarrage, mais ça ne s'est pas *traduit* en réservation.
Can you please *translate* this signage for me in English?	Pouvez-vous s'il vous plait me *traduire* cette signalétique en Anglais ?

71. Consulate/Consulat

Militants stormed the United States *consulate* in the port city of Jeddah in the latest bloody attack on Western interests in Saudi Arabia.	Des militants ont pris d'assaut le *consulat* des Etats Unis à la ville portuaire de Djeddah lors des dernières attaques sanglantes sur les intérêts occidentaux en Arabie saoudite.
An explosive device went off outside the US *consulate* with no immediate reports of injuries.	Un engin explosif a éclaté en dehors du *consulat* des Etats Unis sans déclaration de blessures.
Jim had no option but to inform the *consulate* after he lost his passport in Croatia.	Jim n'a pas d'autre choix que d'informer le *consulat* après la perte de son passeport en Croatie.

72. Pharmacy/Pharmacie

How far is the *pharmacy* from your hotel?	Quelle est la distance entre la *pharmacie* et ton hôtel ?
You can get any kind of OTC medicines from the local *pharmacy* store.	Tu peux avoir tout type de médicament OTC chez la *pharmacie* locale.
The airport *pharmacy* is open for 24 hours a day.	La *pharmacie* de l'aéroport est ouverte 24 heures par jour.

73. Bakery/Boulangerie

The hotel has an in-house *bakery* that makes	L'hôtel a sa propre *boulangerie* qui fait de

wonderful cakes and pastries.	merveilleux gâteaux et pâtisseries.
You can order a birthday cake at the hotel *bakery* and they will deliver it on time.	Vous pouvez commander un gâteau d'anniversaire à la *boulangerie* de l'hôtel et ils te livreront à temps.
The Yamazaki *Bakery* is one of the most popular dining places in the Kowloon part of Hong Kong.	La *boulangerie* Yamazaki est l'un des restaurants les plus populaires dans la partie Kowloon de Hong Kong.

74. Supermarket/Supermarché

You can get all your daily needs at the neighborhood *supermarket.*	Tu peux avoir tous tes besoins quotidiens au *supermarché* du coin.
Tesco is one of the most popular *supermarkets* in London.	Tesco est l'un des *supermarchés* les plus populaires à Londres.
If you are staying in Orchard Road in Singapore, you can never be far from a *supermarket.*	Si vous êtes à Orchard Road à Singapour, vous ne serez jamais trop loin d'un *supermarché.*

75. Downtown/Centre ville

The distance between the speedway and *downtown* Indianapolis is approximately 5 miles.	La distance entre l'autoroute et le *centre-ville* d'Indianapolis est d'environ 5 miles.
There are a huge variety of boutique shops in the *downtown* area of the city.	Il y a une grande variété de commerces au *centre-ville.*
You can get this medicine in any of the pharmacies that are located in the *downtown* area.	Tu peux trouver ce médicament dans n'importe quelle pharmacie du *centre-ville.*

76. Checkout/Caisse

Critics say it costs supermarkets more in *checkout* time if customers use their own	Les critiques disent que ça coûte plus de temps à la *caisse* aux supermarchés si les

bags, but the supermarkets disagree.	clients utilisent leurs propres sacs, mais les supermarchés ne sont pas d'accord.
Regardless of price movements at the *checkout,* farmers say their production costs have gone up dramatically faster than food prices.	Hormis les mouvements des prix à la *caisse,* les fermiers disent que leurs couts de productions ont augmenté très rapidement par rapport aux prix de la nourriture.
The guests will *checkout* of the hotel at 7:00 in the morning.	Les hôtes passeront à la *caisse* de l'hôtel à 7:00 du matin.

77. Single room/Chambre individuelle

The whole family was living in a *single room* downstairs while the rest was still being put back together.	Toute la famille vivait dans une *chambre individuelle* en bas pendant que les autres ont été réinstallés.
I do not think the hotel has many *single rooms* on offer.	Je ne crois pas que l'hôtel a beaucoup de *chambres individuelles* en offre.
Do you know that even a *single room* in this luxurious hotel is priced at more than USD 500 per night?	Sais-tu que même une *chambre individuelle* dans cet hôtel de luxe est facturée à plus de 500 USD par nuit ?

78. Shower/Ducha

Please *shower* before using the pool.	S'il te plait, prends une *douche* avant d'utiliser la piscine.
All the suites in the hotel had rain *shower* facilities in the bathroom.	Toutes les suites de l'hôtel ont un pommeau de *douche* dans la salle de bain.
You must take a *shower* and dress properly before visiting the temple.	Vous devez prendre une *douche* et vous habillez correctement avant de visiter le temple.

79. Room service/Service de chambre

Nowadays five-star properties offer well-heeled guests spa treatments, personal	De nos jours, les établissements 5 étoiles offrent aux hôtes bien nantis des

butlers and even *room service* for pets.	traitements spa, des majordomes personnels et même un *service de chambre* pour les animaux.
The *room service* in this hotel is very professional and the staff is very friendly.	Le *service de chambre* dans cet hôtel est très professionnel et le personnel est très amical.
Please ask the *room service* staff to clear the soiled plates and glasses.	Demandez s'il vous plait au personnel du *service de chambre* de débarrasser les plats et verres sales.

80. Breakfast /Petit-déjeuner

The hotel charges include complimentary *breakfast* that will be served in the dining room.	Le prix de l'hôtel inclut un *petit-déjeuner* gratuit qui sera servi dans la salle à manger.
The restaurant offers a buffet *breakfast* everyday from 6:00 in the morning.	Le restaurant offre un *petit-déjeuner* buffet tous les jours à partir de 6:00 du matin.
I have asked the kitchen to serve the - *breakfast* in my room.	J'ai demandé à la cuisine de me servie le *petit-déjeuner* dans ma chambre.

81. Subway/Métro

A *subway* tunnel collapsed in Beijing prior to 2008 Olympics leaving many workers dead.	Un tunnel de *métro* s'est effondré à Pékin avant les jeux olympiques de 2008 tuant plusieurs ouvriers.
You can use the *subway* to reach the downtown area and from there you can take a bus.	Vous pouvez utiliser le *métro* pour aller au centre-ville et de là-bas vous pouvez prendre le bus.
Can I use this *subway* to go near the Orchard Plaza Mall?	Puis-je utiliser ce *métro* pour me rendre au Mall d'orchard Plaza ?

82. Public Transport/Transport public

Public transport system in Delhi is very poor	Le système du *transport public* à Delhi est

when compared with other metropolitan cities.	très pauvre comparé aux autres métropoles.
Public transport services in the CBD are overcrowded.	Les services du *transport public* dans le CBD sont bondés.
The *public transport* system in Hong Kong is one of the best in the world.	Le système du *transport public* à Hong Kong est l'un des meilleurs au monde.

83. Receipt/Reçu, réception

The form should be completed and returned within 30 days of *receipt*.	Le formulaire doit être complété et retourné dans les 30 jours suivant sa *réception*.
The *receipt* must indicate the name of the business.	Le *reçu* doit indiquer le nom de l'entreprise.
She was told that the system had been down for two days but the operator could accept a manual payment, hence no *receipt* number.	On lui a dit que le système a été en panne pendant deux jours mais que l'agent accepterait un paiement manuel, donc pas de numéro de *reçu*.

84. Gluten-free/Sans gluten

The man had ordered *gluten-free* meals for his flight to Amsterdam.	L'homme a commandé des plats *sans gluten* pour son vol à Amsterdam.
A *gluten-free* diet ensures your complete well-being.	Un régime *sans gluten* assure une bonne santé.
Not many people are aware of the benefits of a *gluten-free* diet.	Peu de gens sont conscients des avantages d'un régime *sans gluten*.

85. Wine/Vin

Jim ordered a glass of sparkling red *wine* as soon as he arrived for dinner.	Jim a commandé une bouteille de *vin* rouge mousseux dès qu'il est arrivé pour le diner.

All major airlines serve great quality *wine* on board long-haul flights.	Toutes les grandes compagnies aériennes servent un *vin* de grande qualité à bord des vols long courrier.
It is said that white *wine* is more beneficial for your teeth than the red variety.	On dit que le *vin* blanc est plus bénéfique pour vos dents que le rouge.

86. Credit card/Carte de crédit

To protect your *credit card* and personal details we use the 128-bit encryption standard which is one of the strongest in the industry today.	Pour protéger votre carte de crédit et vos détails personnels nous utilisons un standard de cryptage de 128-bit qui est l'un des plus robustes sur le marché aujourd'hui.
Retaining *credit card* information on-site after a transaction has been verified is extremely risky.	La conservation des informations de la carte de crédit sur le site après la vérification de la transaction est extrêmement risquée.
You may pay by *credit card* at the time of check-out from the hotel.	Vous pouvez payer par carte de crédit lors de votre check-out de l'hôtel.

87. Cash/Espèces

Getting a *cash* loan in advance can see appealing to many people who are basically looking to have liquidity.	Avoir un prêt en *espèces* à l'avance peut attirer beaucoup de gens qui recherchent de la liquidité.
Can you take out large amounts of *cash* from the local teller machine?	Peux-tu prendre de gros montants *d'espèces* du guichet ?
I need to pay the travel agent in *cash* only.	Je dois payer l'agent de voyage seulement en *espèces*.

88. Euros/Euros

I need to look for foreign exchange counter so that I can convert my dollars to *Euros*.	Je dois chercher un comptoir de change pour convertir mes dollars en *Euros*.

The hotel charges 100 *euros* per night.	L'hôtel facture 100 *euros* la nuit.
The amusement parks in Hong Kong are very expensive and they charge in excess of 80 euros per person.	Les parcs d'attractions de Hong Kong sont très chers et ils facturent en surplus 80 *euros* par personne.

89. Spa /Spa

The *spa* in this luxurious hotel specializes in full body treatments.	Le *spa* de cet hôtel de luxe est spécialisé dans les soins du corps entier.
The hotel *spa* is one of the preferred places to unwind after a tiring day.	Le *spa* de l'hôtel est une place préférée pour se détendre après une journée épuisante.
The staffs in the *spa* room are very helpful and have a pleasing personality.	Le personnel du *spa* est très serviable et a une personnalité plaisante.

90. Budget holiday/Vacances économiques

If you are looking for a *budget holiday* then you must consider traveling to SE Asia.	Si vous cherchez des *vacances économiques*, vous devez à l'Asir du Sud-Est.
Since you have a long weekend coming up, you can choose to visit any of the *budget holiday* destinations.	Comme vous aurez un long week-end, vous pouvez choisir de visiter les destinations de *vacances économiques*.
Thomas Cook is one of the leading tour operators in the world who specializes in *budget holidays.*	Thomas Cook est l'un premiers tours opérateurs dans le monde qui s'est spécialisé en *vacances économiques*.

91. Destination/Destination

We traveled through three states before reaching our final *destination.*	Nous avons voyagé à travers trois Etats avant d'atteindre notre *destination.*
The package reached its *destination* two days later.	Le paquet est arrivé à *destination* de jours plus tard.
He enjoys traveling to remote and exotic	Il aime voyager à des *destinations* isolées et

destinations.	exotiques.

92. Self-catering/avec suicine équipée

I am looking for a *self-catering* apartment in Bangkok.	Je recherche un appartement *avec cuisine équipée* à Bangkok.
The best way to save money in a foreign location is to opt for a *self-catering* accommodation.	Le meilleur moyen d'économiser de l'argent et d'opter pour un hébergement *avec cuisine équipée.*
What is the average price of a *self-catering* house in London nowadays?	Quel est le prix moyen pour une maison *avec cuisine équipée* à Londres actuellement.

93. Duty-Free/Libre de Impuesto

People love *duty-free* shopping at the Dubai Airport.	Les gens aiment le shopping *détaxé* à l'aéroport de Dubaï.
You will love the *duty-free* shopping arena at the Changi Airport.	Vous allez aimer le centre de shopping *détaxé* à l'aéroport Changi.
Is the price of goods cheaper in the *duty-free* shops located at the airport?	Est-ce que le prix des biens est moins cher dans les boutiques *détaxées* de l'aéroport ?

94. Ferry/Ferry

The Hong Kong *Ferry* service transports passengers between mainland and Kowloon on a regular basis.	Le *Ferry* de Hong Kong transporte les passagers entre le continent et Kowloon régulièrement.
I would like to avail the *ferry* service from Ostend to Calais.	J'aimerais utiliser le *ferry* d'Ostend à Calais.
The *ferry* services are very popular in the Scandinavian countries.	Le *ferry* est très populaire dans les pays scandinaves.

95. Porter/Bagagiste

There are *porter* services at every railway station in India.	Il y a des services de *bagagistes* dans chaque gare de train en Inde.
When you are flying for the 1ˢᵗ time, it is better to use the services of the *porter* at the airport.	Quand vous prenez l'avion pour la 1ᵉʳᵉ fois, il vaut mieux utiliser le service du *bagagiste* à l'aéroport.
Please pay the *porter* handsomely as he has given excellent services.	Payez s'il vous plait le *bagagiste* généreusement car il a rendu d'excellents services.

96. Backpack/Sac à dos

The hotels on Khao San Road are good for people who travel with *backpacks.*	Les hôtels de la route Khao San sont adaptés aux gens qui voyagent avec des *sacs à dos.*
Please keep the *backpacks* at the rear of the car so that they are fully secured.	Gardez s'il vous plait le *sac à dos* à l'arrière de la voiture pour qu'ils soient en sécurité.
Nike produces high quality *backpacks* all over the world.	Nike produit des *sacs à dos* de haute qualité dans le monde entier.

97. Book/Réserver

Alice was supposed to *book* the resort today.	Alice était sensée *réserver* l'hôtel aujourd'hui.
Did you *book* the tickets for our return journey?	Avez-vous *réservé* les billets pour notre voyage retour ?
Can I *book* a suite room in this hotel for less than USD 100?	Puis-je *réserver* une suite dans cet hôtel pour moins de 100 USD ?

98. Complimentary/Gratuit

The resort offered *complementary* drinks and food to every 100ᵗʰ customer.	L'hôtel offre des boissons et de la nourriture *gratuites* au 100ᵉᵐᵉ client.
When you choose a hotel anywhere in	Si vous choisissez un hôtel partout en

Europe, you will usually get *complimentary* breakfast in the tariff plan.	Europe, vous aurez souvent un petit-déjeuner *gratuit* dans le plan tarifaire.
Does this hotel offer anything *complementary* at all?	Est-ce que cet hôtel offre quelque chose de *gratuit* ?

99. Take off/Décoller, enlever

The flight *took off* on time from New Orleans.	Le vol a *décollé* à temps de la Nouvelle Orléans.
Jim called me and told me that his flight had just *taken off.*	Jim m'a appelé et m'a dit que son vol vient de *décoller.*
Can you please *take off* your coat before entering the living room?	Pouvez-vous *enlever* votre manteau avant d'entrer au salon ?

100. Red Eye/Vol de nuit

I hate *red eye* flights as they fully overturn my biological clock.	Je déteste les *vols de nuit* car ils renversent mon horloge biologique.
If you are traveling to a SE Asian destination the *red eye* flights are your best alternative.	Si vous voyagez à une destination en Asie du Sud-Est, les *vols de nuit* sont votre meilleure option.
Can you book a flight for me but do ignore the *red eye* flights please?	Pouvez-vous me réserver un vol mais évitez s'il vous plait les *vols de nuit* ?

THE END

Printed in Great Britain
by Amazon

36001380R00024